Impressum
Verlag: BABADADA GmbH, Nedderfeld 112 , 22529 Hamburg
Geschäftsführer / Verlagsleitung: Harald Hof
Druck: Books on Demand GmbH, In de Tarpen 42, 22848 Norderstedt

Imprint
Publisher: BABADADA GmbH, Nedderfeld 112 , 22529 Hamburg, Germany
Managing Director / Publishing direction: Harald Hof
Print: Books on Demand GmbH, In de Tarpen 42, 22848 Norderstedt

salle de classe
la salle de classe

diviser
diviser

186 / 2

tableau noir
le tableau noir

cour (de récréation)
la cour de récréation

professeur
l'enseignant

papier
le papier

écrire
écrire

stylo
le stylo

bureau
le bureau

règle
la règle

livre
le livre

élève
l'élève

cartable
le sac d'école

trousse
la trousse

crayon
le crayon

taille-crayon
le taille-crayon

gomme
la gomme

carnet à dessin
le carnet à dessin

dessin

le dessin

pinceau

le pinceau

boîte de peinture

la boîte de peinture

ciseaux

les ciseaux

colle

la colle

cahier d'exercices

le cahier d'exercices

devoirs

les tâches

chiffre

le chiffre

additionner

additionner

soustraire

soustraire

multiplier

multiplier

calculer

calculer

lettre

la lettre

alphabet

l'alphabet

mot

le mot

texte

le texte

lire

lire

craie

la craie

leçon

la leçon

livre de classe

le livre de classe

examen

l'examen

certificat

le certificat

uniforme scolaire

l'uniforme scolaire

formation

la formation

lexique

le lexique

université

l'université

microscope

le microscope

carte

la carte

corbeille à papier

la corbeille à papier

hôtel
l'hôtel

Grand

auberge
l'auberge

ROOMS

bureau de change
le bureau de change

EXCHANGE

valise
la valise

voiture
la voiture

langue

la langue

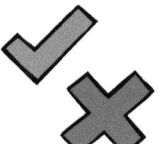

oui / non

oui / non

d'accord

d'accord

Salut

Salut

interprète

l'interprète

merci

merci

Combien coûte...?

Combien coûte...?

Je ne comprends pas

Je ne comprends pas

problème

le problème

Bonsoir !

Bonsoir!

Bonjour !

Bonjour!

Bonne nuit !

Bonne nuit!

Au revoir

Au revoir

direction

la direction

bagages

les bagages

sac

le sac

sac-à-dos

le sac-à-dos

hôte

l'hôte

pièce

la pièce

sac de couchage

le sac de couchage

tente

la tente

office de tourisme

l'office de tourisme

plage

la plage

carte de crédit

la carte de crédit

petit-déjeuner

le petit-déjeuner

déjeuner

le déjeuner

dîner

le dîner

billet

le billet

ascenseur

l'ascenseur

timbre

le timbre

frontière

la frontière

douane

la douane

ambassade

l'ambassade

visa

le visa

passeport

le passeport

avion
l'avion

navire
le navire

véhicule de pompiers
le véhicule de pompiers

bus
le bus

camion
le camion

ateau à moteur
bateau à moteur

bicyclette
la bicyclette

voiture
la voiture

ferry
le ferry

barque
la barque

moto
la moto

voiture de police
la voiture de police

voiture de course
la voiture de course

voiture de location
la voiture de location

auto-partage
....
l'autopartage

voiture de remorquage
....
la dépanneuse

benne à ordures
....
la benne à ordures

moteur
....
le moteur

essence
....
l'essence

station d'essence
....
la station d'essence

panneau indicateur
....
le panneau indicateur

trafic
....
le trafic

embouteillage
....
l'embouteillage

parking
....
le parking

gare
....
la gare

rails
....
les rails

train
....
le train

tramway
....
le tram

wagon
....
le wagon

hélicoptère

l'hélicoptère

aéroport

l'aéroport

tour

la tour

passager

le passager

conteneur

le container

carton

le carton

chariot

le chariot

corbeille

la corbeille

décoller / atterrir

décoller / atterrir

ville

la ville

village

le village

centre-ville

le centre-ville

maison

la maison

cinéma
le cinéma

publicité
la publicité

réverbère
le réverbère

CINEMA

rue
la rue

taxi
le taxi

kiosque
le kiosque

piéton
le piéton

trottoir
le trottoir

passage piéton
le passage piéton

poubelle
la poubelle

carrefour
le carrefour

feux de circulation
les feux de circulation

cabane
la cabane

appartement
l'appartement

gare
la gare

mairie
la mairie

musée
le musée

école
l'école

université

l'université

banque

la banque

hôpital

l'hôpital

hôtel

l'hôtel

pharmacie

la pharmacie

bureau

le bureau

librairie

la librairie

magasin

le magasin

fleuriste

le fleuriste

supermarché

le supermarché

marché

le marché

grand magasin

le grand magasin

poissonnerie

la poissonnerie

centre commercial

le centre commercial

port

le port

parc

le parc

banque

la banque

pont

le pont

escaliers

les escaliers

métro

le métro

tunnel

le tunnel

arrêt de bus

l'arrêt de bus

bar

le bar

restaurant

le restaurant

boîte à lettres

la boîte à lettres

panneau indicateur

le panneau indicateur

parcmètre

le parcomètre

zoo

le zoo

piscine

le réverbère

mosquée

la mosquée

ferme

la ferme

pollution

la pollution

cimetière

le cimetière

église

l'église

aire de jeux

l'aire de jeux

temple

le temple

paysage
le paysage

feuille
la feuille

panneau indicateur
le panneau indicateur

chemin
le chemin

pré
le pré

pierre
la pierre

arbre
l'arbre

randonneur
le randonneur

rivière
la rivière

herbe
l'herbe

fleur
la fleur

vallée

la vallée

montagne

la montagne

lac

le lac

forêt

la forêt

désert

le désert

volcan

le volcan

château

le château

arc-en-ciel

l'arc-en-ciel

champignon

le champignon

palmier

le palmier

moustique

le moustique

mouche

la mouche

fourmis

les fourmis

abeille

l'abeille

araignée

l'araignée

coléoptère

le scarabée

grenouille

la grenouille

écureuil

l'écureuil

hérisson

le hérisson

lièvre

le lapin

chouette

la chouette

oiseau

l'oiseau

cygne

le cygne

sanglier

le sanglier

cerf

le cerf

élan

l'élan

barrage

le barrage

éolienne

l'éolienne

panneau solaire

le panneau solaire

climat

le climat

serveur
le serveur

menu
le menu

chaise
la chaise

soupe
la soupe

pizza
la pizza

couverts
les services

nappe
la nappe

hors d'œuvre
les hors d'œuvre

plat principal
le plat principal

dessert
le dessert

boissons
les boissons

alimentation
l'alimentation

bouteille
la bouteille

fast-food
le fast-food

plats à emporter
les plats à emporter

théière
la théière

sucrier
le sucrier

portion
la portion

machine à expresso
la machine à expresso

chaise haute
la chaise haute

facture
la facture

plateau
le plateau

couteau
le couteau

fourchette
la fourchette

cuillère
la cuillère

cuillère à thé
la cuillère à thé

serviette
la serviette

verre
le verre

assiette

l'assiette

assiette à soupe

l'assiette à soupe

soucoupe

la soucoupe

sauce

la sauce

salière

la salière

moulin à poivre

le moulin à poivre

vinaigre

le vinaigre

huile

l'huile

épices

les épices

ketchup

le ketchup

moutarde

la moutarde

mayonnaise

la mayonnaise

offre promotionnelle
l'offre promotionnelle

client
le client

produits laitiers
les produits laitiers

fruits
les fruits

chariot
le caddie

boucherie

la boucherie

boulangerie

la boulangerie

peser

peser

légumes

les légumes

viande

la viande

aliments surgelés

les aliments surgelés

charcuterie

la charcuterie

conserves

les conserves

poudre à lessive

la poudre à lessive

bonbons

les bonbons

articles ménagers

les articles ménagers

détergents

les détergents

vendeuse

la vendeuse

caisse

la caisse

caissier

le caissier

liste d'achats

la liste d'achats

heures d'ouverture

les heures d'ouverture

portefeuille

le portefeuille

carte de crédit

la carte de crédit

sac

le sac

sac en plastique

le sac en plastique

eau

l'eau

jus de fruit

le jus de fruit

lait

le lait

coca

le coca

vin

le vin

bière

la bière

alcool

l'alcool

chocolat chaud

le chocolat chaud

thé

le thé

café

le café

expresso

l'expresso

cappuccino

le cappuccino

banane

la banane

pomme

la pomme

orange

l'orange

melon

le melon

citron

le citron

carotte

la carotte

ail

l'ail

bambou

le bambou

oignon

l'oignon

champignon

le champignon

noisettes

les noisettes

pâtes

les pâtes

spaghetti

les spaghettis

riz

le riz

salade

la salade

pommes frites

les frites

pommes de terre rôties

les pommes de terre rôties

pizza

la pizza

hamburger

le hamburger

sandwich

le sandwich

escalope

l'escalope

jambon

le jambon

salami

le salami

saucisse

la saucisse

poulet

le poulet

rôti

le rôti

poisson

le poisson

flocons d'avoine
les flocons d'avoine

muesli
le muesli

cornflakes
les cornflakes

farine
la farine

croissant
le croissant

petits-pains
les petits-pains

pain
le pain

pain grillé
le pain grillé

biscuits
les biscuits

beurre
le beurre

le fromage blanc
le fromage blanc

gâteau
le gâteau

œuf
l'œuf

œuf au plat
l'œuf au plat

fromage
le fromage

alimentation - l'alimentation

glace

la glace

sucre

le sucre

miel

le miel

confiture

la confiture

crème nougat

la crème nougat

curry

le curry

alimentation - l'alimentation

ferme
la ferme

grange
la grange

botte de paille
la botte de paille

champ
le champ

cheval
le cheval

remorque
la remorque

poulain
le poulain

tracteur
le tracteur

âne
l'âne

agneau
l'agneau

mouton
le mouton

chèvre

la chèvre

vache

la vache

veau

le veau

porc

le porc

porcelet

le porcelet

taureau

le taureau

oie

l'oie

canard

le canard

poussin

le poussin

poule

la poule

coq

le coq

rat

le rat

chat

le chat

souris

la souris

bœuf

le bœuf

chien

le chien

chenil

le chenil

tuyau de jardin

le tuyau de jardin

arrosoir

l'arrosoir

faucheuse

la faucheuse

charrue

la charrue

faucille

la faucille

pioche

la pioche

fourche

la fourche

hache

la hache

brouette

la brouette

cuve

la cuve

pot à lait

le pot à lait

sac

le sac

clôture

la clôture

étable

l'étable

serre

la serre

sol

le sol

semences

les semences

engrais

l'engrais

moissonneuse-batteuse

la moissonneuse-batteuse

récolter

récolter

récolte

la récolte

igname

l'igname

blé

le blé

soja

le soja

pomme de terre

la pomme de terre

maïs

le maïs

colza

le colza

arbre fruitier

l'arbre fruitier

manioc

le manioc

céréales

les céréales

cheminée
la cheminée

toit
le toit

gouttière
la gouttière

fenêtre
la fenêtre

garage
le garage

sonnette
la sonnette

porte
la porte

poubelle
la poubelle

boîte aux lettres
la boîte aux lettres

jardin
le jardin

salon

le salon

salle de bain

la chambre de bain

cuisine

la cuisine

chambre à coucher

la chambre à coucher

chambre d'enfant

la chambre d'enfant

salle à manger

la salle à manger

sol

le sol

mur

le mur

plafond

le plafond

cave

la cave

sauna

le sauna

balcon

le balcon

terrasse

la terrasse

piscine

la piscine

tondeuse à gazon

la tondeuse à gazon

housse

la fourre de duvet

couette

la couette

lit

le lit

balai

le balai

sceau

le sceau

interrupteur

l'interrupteur

papier peint
le papier peint

image
l'image

lampe
la lampe

étagère
l'étagère

armoire
l'armoire

cheminée
la cheminée

télé
la télé

fleur
la fleur

coussin
le coussin

sofa
le canapé

vase
e vase

télécommande
la télécommande

tapis

le tapis

rideau

le rideau

table

la table

chaise

la chaise

chaise à bascule

la chaise à bascule

fauteuil

le fauteuil

livre

le livre

couverture

la couverture

décoration

la décoration

bois de chauffage

le bois de chauffage

film

le film

chaîne hi-fi

la chaîne hi-fi

clé

la clé

journal

le journal

peinture

la peinture

poster

le poster

radio

la radio

bloc-notes

le bloc-notes

aspirateur

l'aspirateur

cactus

le cactus

bougie

la bougie

réfrigérateur
le frigo

four à micro-ondes
le four à micro-ondes

balance de cuisine
la balance de cuisine

grille-pain
le toasteur

détergent
le détergent

compartiment congélateur
le compartiment congélateur

four
le four

poubelle
la poubelle

lave-vaisselle
le lave-vaisselle

four
le four

casserole
la casserole

marmite
la marmite

wok / kadai
le wok/kadai

poêle
la poêle

bouilloire electrique
la bouilloire électrique

cuiseur vapeur

le cuiseur vapeur

plaque de cuisson

la plaque de cuisson

vaisselle

la vaisselle

gobelet

le gobelet

coupe

le bol

baguettes

les baguettes

louche

la louche

spatule

la spatule

fouet

le fouet

passoire

la passoire

tamis

le tamis

râpe

la râpe

mortier

le mortier

barbecue

le barbecue

cheminée

la cheminée

planche à découper
....
la planche à découper

rouleau à pâtisserie
....
le rouleau à pâtisserie

tire-bouchon
....
le tire-bouchon

boîte
....
la boîte

ouvre-boîte
....
l'ouvre-boîte

maniques
....
les maniques

lavabo
....
le lavabo

brosse
....
la brosse

éponge
....
l'éponge

mixeur
....
le mixeur

congélateur
....
le congélateur

biberon
....
le biberon

robinet
....
le robinet

chauffage
le chauffage

douche
la douche

serviette
la serviette

rideau de douche
le rideau de douche

bain moussant
le bain moussant

baignoire
la baignoire

verre
le verre

machine à laver
la machine à laver

carrelage
le carrelage

robinet
le robinet

pot
le pot

lavabo
le lavabo

toilettes

les toilettes

toilette à la turque

la toilette à la turque

bidet

le bidet

urinoir

l'urinoir

papier toilette

le papier toilette

brosse à toilette

la brosse à toilette

brosse à dents
....
la brosse à dents

dentifrice
....
le dentifrice

fil dentaire
....
le fil dentaire

laver
....
laver

douche manuelle
....
la douche manuelle

douche intime
....
la douche intime

vasque
....
la vasque

brosse dorsale
....
la brosse dorsale

savon
....
le savon

gel douche
....
le gel douche

shampooing
....
le shampooing

gant de toilette
....
le gant de toilette

écoulement
....
l'écoulement

crème
....
la crème

déodorant
....
le déodorant

miroir

le miroir

miroir cosmétique

le miroir cosmétique

rasoir

le rasoir

mousse à raser

la mousse à raser

après-rasage

l'après-rasage

peigne

la peigne

brosse

la brosse

sèche-cheveux

le sèche-cheveux

laque pour cheveux

la laque pour cheveux

fond de teint

le fond de teint

rouge à lèvres

le rouge à lèvres

vernis à ongles

le vernis à ongles

ouate

l'ouate

coupe-ongles

le coupe-ongles

parfum

le parfum

trousse de toilette

la trousse de toilette

tabouret

le tabouret

pèse-personne

la balance

peignoir

le peignoir

gants de nettoyage

les gants de nettoyage

tampon

le tampon

serviettes hygiéniques

les serviettes hygiéniques

toilette chimique

la toilette chimique

la chambre d'enfant

réveil
le réveil

doudou
le doudou

voiture jouet
la voiture jouet

hochet
le hochet

maison de poupée
la maison de poupée

cadeau
le cadeau

ballon

le ballon

lit

le lit

poussette

la poussette

jeu de cartes

le jeu de cartes

puzzle

le puzzle

bande dessinée

la bande dessinée

pièces lego

les pièces lego

blocs de construction

les blocs de construction

figurine

la figurine

grenouillère

la grenouillère

frisbee

le frisbee

mobile

le mobile

jeu de société

le jeu de société

dé

le dé

train miniature

le train miniature

sucette

la sucette

fête

la fête

livre d'images

le livre d'images

balle

la balle

poupée

la poupée

jouer

jouer

bac à sable

le bac à sable

balançoire

la balançoire

jouets

les jouets

console de jeu

la console de jeu

tricycle

le tricycle

ours en peluche

l'ours en peluche

armoire

l'armoire

vêtements

les vêtements

chaussettes

les chaussettes

bas

les bas

collant

le collant

écharpe
l'écharpe

parapluie
le parapluie

t-shirt
le t-shirt

ceinture
la ceinture

bottes
les bottes

pantoufles
les pantoufles

baskets
les baskets

sandales
les sandales

chaussures
les chaussures

bottes de caoutchouc
les bottes de caoutchouc

sous-vêtements
le linge de corps

soutien-gorge
le soutien-gorge

maillot de corps
le maillot de corps

body

le body

pantalon

le pantalon

jean

le jean

jupe

la jupe

chemisier

le chemisier

chemise

la chemise

pull

le pull

sweat à capuche

le pull-over à capuche

veste

la veste

veste

la veste

manteau

le manteau

imperméable

l'imperméable

costume

le costume

robe

la robe

robe de mariée

la robe de mariée

costume

le costume

chemise de nuit

la chemise de nuit

pyjama

le pyjama

sari

le sari

foulard

le foulard

turban

le turban

burqa

la burqa

caftan

le caftan

abaya

l'abaya

maillot de bain

le maillot de bain

maillot de bain

le costume de bain

short

les cuissettes

tenue d'entraînement

la tenue d'entraînement

tablier

le tablier

gants

les gants

bouton

le bouton

lunettes

les lunettes

bracelet

le bracelet

collier

le collier

bague

la bague

boucle d'oreille

la boucle d'oreille

bonnet

le bonnet

cintre

le cintre

chapeau

le chapeau

cravate

la cravate

fermeture éclair

la fermeture éclair

casque

le casque

bretelles

les bretelles

uniforme scolaire

l'uniforme scolaire

uniforme

l'uniforme

bavoir
le bavoir

sucette
la sucette

lange
la couche

serveur
le serveur

armoire d'archivage
l'armoire d'archivage

imprimante
l'imprimante

écran
l'écran

papier
le papier

souris
la souris

bureau
le bureau

classeur
le classeur

clavier
le clavier

corbeille à papier
la corbeille à papier

chaise
la chaise

ordinateur
l'ordinateur

tasse de café
la tasse à café

calculatrice
la calculatrice

internet
l'internet

ordinateur portable

l'ordinateur portable

lettre

la lettre

message

le message

portable

le portable

réseau

le réseau

photocopieuse

la photocopieuse

logiciel

le logiciel

téléphone

le téléphone

prise

la prise

fax

le fax

formulaire

le formulaire

document

le document

acheter

acheter

payer

payer

faire du commerce

marchander

monnaie

la monnaie

dollar

le dollar

euro

l'euro

yen

le yen

rouble

le rouble

franc suisse

le franc suisse

renminbi yuan

le renminbi yuan

roupie

la roupie

distributeur automatique

le distributeur automatique

bureau de change

le bureau de change

or

l'or

argent

l'argent

pétrole

le pétrole

énergie

l'énergie

prix

le prix

contrat

le contrat

taxe

la taxe

action

l'action

travailler

travailler

employé

l'employé

employeur

l'employeur

usine

l'usine

magasin

le magasin

agent de police
l'agent de police

pompier
le pompier

cuisinier
le cuisinier

médecin
le médecin

pilote
le pilote

jardinier

le jardinier

menuisier

le menuisier

couturière

la couturière

juge

le juge

chimiste

le chimiste

acteur

l'acteur

conducteur de bus

le conducteur de bus

chauffeur de taxi

le chauffeur de taxi

pêcheur

le pêcheur

femme de ménage

la femme de ménage

couvreur

le couvreur

serveur

le serveur

chasseur

le chasseur

peintre

le peintre

boulanger

le boulanger

électricien

l'électricien

ouvrier

l'ouvrier

ingénieur

l'ingénieur

boucher

le boucher

plombier

le plombier

facteur

le facteur

soldat

le soldat

architecte

l'architecte

caissier

le caissier

fleuriste

le fleuriste

coiffeur

le coiffeur

contrôleur

le contrôleur

mécanicien

le mécanicien

capitaine

le capitaine

dentiste

le dentiste

scientifique

le scientifique

rabbin

le rabbin

imam

l'imam

moine

le moine

prêtre

le prêtre

marteau
le marteau

pinces
les pinces

tournevis
le tournevis

clé
la clé

torche
la torche

pelleteuse
la pelleteuse

boîte à outils
la boîte à outils

échelle
l'échelle

scie
la scie

clous
les clous

perceuse
la perceuse

réparer

réparer

pelle

la pelle

Mince !

Mince!

pelle

la pelle

pot de peinture

le pot de peinture

vis

les vis

instruments de musique
les instruments de musique

batterie
la batterie

haut-parleurs
le haut-parleur

guitare
la guitare

contrebasse
la contrebasse

trompette
la trompette

piano

le piano

violon

le violon

basse

la basse

timbales

les timbales

tambour

le tambour

piano électrique

le piano électrique

saxophone

le saxophone

flûte

la flûte

microphone

le microphone

tigre
le tigre

entrée
l'entrée

cage
la cage

zèbre
le zèbre

alimentation animale
l'alimentation animale

panda
le panda

animaux

les animaux

éléphant

l'éléphant

kangourou

le kangourou

rhinocéros

le rhinocéros

gorille

le gorille

ours

l'ours

chameau

le chameau

autruche

l'autruche

lion

le lion

singe

le singe

flamand rose

le flamand rose

perroquet

le perroquet

ours polaire

l'ours polaire

pingouin

le pingouin

requin

le requin

paon

le paon

serpent

le serpent

crocodile

le crocodile

gardien de zoo

le gardien de zoo

phoque

le phoque

jaguar

le jaguar

poney

le poney

léopard

le léopard

hippopotame

l'hippopotame

girafe

la girafe

aigle

l'aigle

sanglier

le sanglier

poisson

le poisson

tortue

la tortue

morse

le morse

renard

le renard

gazelle

la gazelle

american Football
l'american Football

cyclisme
le cyclisme

tennis
le tennis

basket-ball
le basket-ball

natation
la natation

boxe
la boxe

hockey sur glace
le hockey sur glace

football
le football

badminton
le badminton

athlétisme
l'athlétisme

handball
le handball

ski
le ski

polo
le polo

sauter
sauter

rire
rire

embrasser
embrasser

marcher
marcher

chanter
chanter

rêver
rêver

prier
prier

faire la bise
faire la bise

écrire
écrire

dessiner
dessiner

montrer
montrer

pousser
pousser

donner
donner

prendre
prendre

avoir
avoir

faire
faire

être
être

être debout
être debout

courir
courir

trier
trier

jeter
jeter

tomber
tomber

être couché
être couché

attendre
attendre

porter
porter

être assis
être assis

s'habiller
s'habiller

dormir
dormir

se réveiller
se réveiller

regarder

regarder

pleurer

pleurer

caresser

caresser

peigner

peigner

parler

parler

comprendre

comprendre

demander

demander

écouter

écouter

boire

boire

manger

manger

ranger

ranger

aimer

aimer

cuire

cuire

conduire

conduire

voler

voler

faire de la voile

faire de la voile

calculer

calculer

lire

lire

apprendre

apprendre

travailler

travailler

se marier

se marier

coudre

coudre

brosser les dents

se brosser les dents

tuer

tuer

fumer

fumer

envoyer

envoyer

grand-mère
la grand-mère

grand-père
le grand-père

père
le père

mère
la mère

bébé
le bébé

fille
la fille

fils
le fils

hôte
l'hôte

tante
la tante

oncle
l'oncle

frère
le frère

sœur
la sœur

front
le front

œil
l'œil

épaule
l'épaule

doigt
le doigt

visage
le visage

menton
le menton

main
la main

poitrine
la poitrine

jambe
la jambe

bras
le bras

bébé

le bébé

homme

l'homme

femme

la femme

fille

la fille

garçon

le garçon

tête

la tête

dos
....
le dos

ventre
....
le ventre

nombril
....
le nombril

orteil
....
l'orteil

talon
....
le talon

os
....
l'os

hanche
....
la hanche

genou
....
le genou

coude
....
le coude

nez
....
le nez

fesses
....
les fesses

peau
....
la peau

joue
....
la joue

oreille
....
l'oreille

lèvre
....
la lèvre

bouche

la bouche

dent

la dent

langue

la langue

cerveau

le cerveau

cœur

le cœur

muscle

le muscle

poumons

les poumons

foie

le foie

estomac

l'estomac

reins

les reins

rapport sexuel

le rapport sexuel

préservatif

le préservatif

ovule

l'ovule

sperme

le sperme

grossesse

la grossesse

menstruation

la menstruation

vagin

le vagin

pénis

le pénis

sourcil

le sourcil

cheveux

les cheveux

cou

le cou

hôpital
l'hôpital

ambulance
l'ambulance

fauteuil roulant
le fauteuil roulant

fracture
la fracture

médecin

le médecin

service des urgences

le service des urgences

infirmière

l'infirmière

urgence

l'urgence

inconscient

inconscient

douleur

la douleur

blessure

la blessure

hémorragie

l'hémorragie

crise cardiaque

la crise cardiaque

attaque cérébrale

l'attaque cérébrale

allergie

l'allergie

toux

la toux

fièvre

la fièvre

grippe

la grippe

diarrhée

la diarrhée

mal de tête

le mal de tête

cancer

le cancer

diabète

le diabète

chirurgien

le chirurgien

scalpel

le scalpel

opération

l'opération

CT
....
le CT

radiographie
....
la radiographie

échographie
....
l'échographie

masque
....
le masque

maladie
....
la maladie

salle d'attente
....
la salle d'attente

béquille
....
la béquille

pansement
....
le pansement

pansement
....
le pansement

injection
....
l'injection

stéthoscope
....
le stéthoscope

brancard
....
le brancard

thermomètre
....
le thermomètre

accouchement
....
l'accouchement

surcharge pondérale
....
le surpoids

appareil auditif

l'appareil auditif

désinfectant

le désinfectant

infection

l'infection

virus

le virus

VIH / sida

le VIH / le sida

médicament

le médicament

vaccination

la vaccination

comprimés

les tablettes

pilule

la pilule

appel d'urgence

l'appel d'urgence

tensiomètre

le tensiomètre

malade / sain

malade / sain

Au secours !

Au secours!

alarme

l'alarme

assaut

l'agression

attaque

l'attaque

danger

le danger

sortie de secours

la sortie de secours

Au feu!

Au feu!

extincteur

l'extincteur

accident

l'accident

trousse de premier secours

la trousse de premier secours

SOS

SOS

police

la police

Europe

l'Europe

Amérique du Nord

l'Amérique du Nord

Amérique du Sud

l'Amérique du Sud

Afrique

l'Afrique

Asie

l'Asie

Australie

l'Australie

Océan atlantique

l'Océan atlantique

Océan pacifique

l'Océan pacifique

Océan indien

l'Océan indien

Océan antarctique

l'Océan antarctique

Océan arctique

l'Océan arctique

pôle nord

le Pôle nord

pôle sud

le Pôle sud

Antarctique

l'Antarctique

terre

la terre

pays

le pays

mer

la mer

île

l'île

nation

la nation

état

l'état

cadran

le cadran

aiguille des heures

l'aiguille des heures

aiguille des minutes

l'aiguille des minutes

aiguille des secondes

l'aiguille des secondes

Quelle heure est-il ?

Quelle heure est-il?

jour

le jour

temps

le temps

maintenant

maintenant

montre digitale

la montre digitale

minute

la minute

heure

l'heure

lundi
lundi
mercredi
mercredi
vendredi
vendredi
mardi
mardi
jeudi
jeudi
samedi
samedi
dimanche
dimanche

hier
....
hier

aujourd'hui
....
aujourd'hui

demain
....
demain

matin
....
le matin

midi
....
le midi

soir
....
le soir

jours ouvrables
....
les jours ouvrables

week-end
....
le week-end

pluie
la pluie

arc-en-ciel
l'arc-en-ciel

neige
la neige

vent
le vent

printemps
le printemps

automne
l'automne

été
l'été

hiver
l'hiver

météo
la météo

thermomètre
le thermomètre

lumière du soleil
la lumière du soleil

nuage
le nuage

brouillard
le brouillard

humidité
l'humidité

foudre

la foudre

tonnerre

le tonnerre

tempête

la tempête

grêle

la grêle

mousson

la mousson

inondation

l'inondation

glace

la glace

janvier

janvier

février

février

mars

mars

avril

avril

mai

mai

juin

juin

juillet

juillet

août

août

septembre
....
septembre

octobre
....
octobre

novembre
....
novembre

décembre
....
décembre

formes

les formes

cercle
....
le cercle

carré
....
le carré

rectangle
....
le rectangle

triangle
....
le triangle

sphère
....
la sphère

cube
....
le cube

blanc
blanc

jaune
jaune

orange
orange

rose
rose

rouge
rouge

violet
violet

bleu
bleu

vert
vert

marron
marron

gris
gris

noir
noir

beaucoup / peu

beaucoup / peu

fâché / calme

fâché / calme

joli / laid

joli / laid

début / fin

le début / la fin

grand / petit

grand / petit

clair / obscure

clair / obscure

frère / soeur

le frère / la sœur

propre / sale

propre / sale

complet / incomplet

complet / incomplet

jour / nuit

le jour / la nuit

mort / vivant

mort / vivant

large / étroit

large / étroit

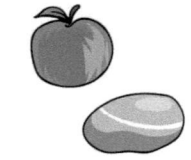

comestible / incomestible

comestible / incomestible

méchant / gentil

méchant / gentil

excité / ennuyé

excité / ennuyé

gros / mince

gros / mince

premier / dernier

le premier / le dernier

ami / ennemi

l'ami / l'ennemi

plein / vide

plein / vide

dur / souple

dur / souple

lourd / léger

lourd / léger

faim / soif

faim / soif

malade / sain

malade / sain

illégal / légal

illégal / légal

intelligent / stupide

intelligent / stupide

gauche / droite

gauche / droite

proche / loin

proche / loin

nouveau / usé

nouveau / usé

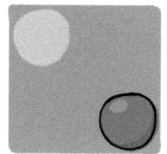

rien / quelque chose

rien / quelque chose

vieux / jeune

vieux / jeune

marche / arrêt

marche / arrêt

ouvert / fermé

ouvert / fermé

faible / fort

faible / fort

riche / pauvre

riche / pauvre

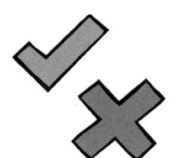

correct / incorrect

correct / incorrect

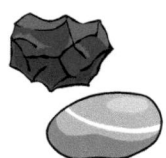

rugueux / lisse

rugueux / lisse

triste / heureux

triste / heureux

court / long

court / long

lent / rapide

lent / rapide

mouillé / sec

mouillé / sec

chaud / froid

chaud / froid

guerre / paix

la guerre / la paix

les nombres

0

zéro

zéro

1

un / une

un

2

deux

deux

3

trois

trois

4

quatre

quatre

5

cinq

cinq

6

six

six

7

sept

sept

8

huit

huit

9

neuf

neuf

10

dix

dix

11

onze

onze

12

douze

douze

13

treize

treize

14

quatorze

quatorze

15

quinze

quinze

16

seize

seize

17

dix-sept

dix-sept

18

dix-huit

dix-huit

19

dix-neuf

dix-neuf

20

vingt

vingt

100

cent

cent

1.000

mille

mille

1.000.000

million

le million

anglais

l'anglais

anglais américain

l'anglais américain

chinois mandarin

le chinois mandarin

hindi

le hindi

espagnol

l'espagnol

français

le français

arabe

l'arabe

russe

le russe

portugais

le portugais

bengali

le bengali

allemand

l'allemand

japonais

le japonais

je

je

tu

tu

il / elle / ce, c', cela

il / elle

nous

nous

vous

vous

ils / elles

ils / elles

Qui ?

qui?

Quoi ?

quoi?

Comment ?

comment?

Où ?

où?

Quand ?

quand?

nom

le nom

derrière

derrière

dans

dans

devant

devant

au-dessus

au-dessus

sur

sur

en-dessous

en-dessous

à côté de

à côté de

entre

entre

lieu

le lieu